हाल-ए-दिल

ख़ामोशी में गूंजते अल्फ़ाज़

ANUMEHA

BookLeaf Publishing
India | USA | UK

Made with ❤ on the BookLeaf Publishing Platform
www.bookleafpub.in
www.bookleafpub.com

Dedication

यह संग्रह, मेरे माता-पिता को समर्पित है – जिनसे मैंने संघर्षों में
मुस्कुराना सीखा और टूटकर भी सँवर जाना सीखा।
साथ ही, उन सभी को, जो इश्क़ को धर्म की तरह निभाते हैं, और दर्द
को मौसम की तरह अनुभव करते हैं।
उन सबके नाम –
जो प्रेम करते हैं...निःस्वार्थ भाव से!

Preface

मैं अनुमेहा हूँ – पेशे से अनुसंधानकर्ता और दिल से एक भावनात्मक जिज्ञासु। विचारों की दुनिया में खो जाने की आदत मुझे वहाँ ले गई जहाँ शब्द, तर्क से नहीं, एहसास से बहते हैं। शोध और तर्क की दुनिया के साथ-साथ मेरी एक और दुनिया है – **मुक्त छंद कविता**, जहाँ हर पंक्ति बिना बंधन के अपना रास्ता खुद तय करती है।

मेरी कविताएँ उन अनकहे सवालों की गूंज हैं जो अक्सर मन के किसी कोने में दबे रह जाते हैं –

"क्या आज हम साथ हैं क्योंकि तुम्हें बस एक साथ चाहिए?"

या फिर –

"अगर तेरे इश्क़ की हक़दार न थी, तो तेरी नफ़रत की बुनियाद क्या है?"

इन पंक्तियों में प्रेम है, पर वह आदर्श नहीं; उसमें धोखा भी है, आत्म-संवाद भी और कटाक्ष भी। यह कविताएँ सरल हैं, लेकिन उनमें एक गहरी बेचैनी है – एक ऐसी बेचैनी जो आत्मस्वीकृति की तलाश करती है, और अक्सर पूछ बैठती है–

"जहाँ प्यार मिले, वहीं से ले लूँ क्या?"

यह कविता-संग्रह एक यात्रा है – **प्रेम की तलाश से लेकर आत्म-स्वीकृति और फिर एक नई शुरुआत तक।**

कविताओं का प्रवाह इस तरह बुना गया है कि शुरुआत होती है उस मासूम जिज्ञासा से, जो पूछती है:

"प्यार भी कभी कम-ज्यादा होता है क्या?"

"मुझमें तो मुझे ही पाओगे...
मुझे जान लो ना!"

फिर धीरे-धीरे सामने आता है विश्वासघात की कड़वी सच्चाई–

"उससे वफ़ा करने के लिए मुझसे बेवफ़ाई ज़रूरी थी क्या?"

इसके बाद आता है दर्द, शिकायत और अंततः एक चुप स्वीकृति –

"अब क्या बात करना?"

कहानी यहीं खत्म नहीं होती। भावनाओं के सारे पड़ाव पार करने के बाद, हम फिर उसी मोड़ पर लौट आते हैं – **प्रेम की एक और तलाश, एक और शुरुआत**।

"ऐसे एक रिश्ते में बंध जाऊँ, जो मुझे आज़ाद कर दे।"

यदि ये कविताएँ पढ़ते हुए आपके मन में कभी एक लहर उठे – **"सवालों का सैलाब"** – तो मैं मानूँगी कि यह लेखनी अपनी राह पा गई।

अनुमेहा

Acknowledgements

इस कविता-संग्रह के माध्यम से मैं उन सभी का हृदय से आभार व्यक्त करना चाहती हूँ, जिन्होंने सीधे या परोक्ष रूप से मेरी लेखनी को आकार दिया। परिवार का धन्यवाद, हौसला-अफ़ज़ाई के लिए, और हर शब्द के पीछे छिपे जज़्बात को समझने के लिए। मित्रों का आभार, जिन्होंने मेरी कविताओं को सिर्फ़ पढ़ा नहीं, बल्कि महसूस किया। विरोधियों का भी आभार, जिन्होंने रिश्तों की ज़मीन को हिला कर रख दिया।

मैं उन अधूरे रिश्तों और टूटी उम्मीदों का भी शुक्रिया अदा करती हूँ, जिन्होंने सिखाया कि इश्क़ ही इश्क़ की वजह है। संबंधों को निभाना, उन्हें बचा पाना – हर बार संभव नहीं हो सका, लेकिन उन्हें सहेजने की हर कोशिश ने मुझे कवि बना दिया। इस संग्रह की हर कविता, मेरे अनुभवों का दस्तावेज़ है।

आप सभी के बिना यह संग्रह संभव न होता।

शुक्रिया!

तुझमें उसे ढूँढ़ रहा हूँ

किसी की तलाश है तुम्हें?
हाँ!
तुझमें उसे ढूँढ़ रहा हूँ,
पर मुझमें उसे कहाँ पाओगे?
मुझमें तो मुझे ही पाओगे...
मुझे जान लो ना!

कर्ज़ चुकाने की बात करते हैं

और वह –
बेचैनी भरी रातों का,
अनकहीं बातों का,
हर की गई इबादत का,
तोड़े हुए वादों का,
दी गई दुआओं का,
बिखरे हुए जज़्बातों का,
टूटे हुए ख़्वाबों का,
बीमार दिल का –
कर्ज़ चुकाने की बात करते हैं।
मैं कहती हूँ –
कुछ याद या पता हो, तो हिसाब लगाना,
मोल लगा सको, तब क़र्ज़ चुकाने आना।
दुआ है मेरी कि जब मोल लगे,
कोई तो समझ नवाज़े तुम्हें – और तुम्हें वह एहसास हो जाए।
मैं भी कर्ज़ माफ़ कर दूँ – और एक एहसान रह जाए।

ऐ मेरे दिल

ऐ मेरे दिल,
तू समझता क्यों नहीं,
कि उसे तेरी परवाह नहीं।
तू सँभलता क्यों नहीं?
वह दर्द देने से कतराएगा नहीं।
तू बहता क्यों नहीं इन रंजिशों से परे?
मरता है क्यों तू?
जीता क्यों नहीं?

बोझ

अफ़सोस नहीं उस रिश्ते का,
जिसका बोझ मैंने अकेले उठाया था,
पता नहीं, कभी थे ही नहीं – या
तुमसे निभाया ही नहीं गया था।
शब-ए-इंतज़ार को कुर्बत की ख़्वाहिश थी,
तब हसरतों ने आईना दिखाया था,
अब है तो बस सौ झूठ,
जो कहकर सच छुपाया था।
सोचती हूँ,
वह रहकर भी क्या कर लेता!
जाना था, तो पहले बता देता!
उस रिश्ते का क्या वजूद था?
कुछ नहीं...
उन्हें बीमारी थी,
किसी और से इश्क़ का बुख़ार था।
उनसे बीमारी हम तक फैली,
अब हम भी इश्क़ के मारे हैं,
नाउम्मीदी की चादर ओढ़े,
आहें भरे जा रहे हैं।
माना कि इश्क़ में सब जायज़ है,
गलीच हरकतों की यही पुष्टि है,
अरे जाओ!
पहले क़ाबिल बनो,
बड़ा इश्क़ करने आए हैं!

जान लो –
कि पाकीज़गी न हो इश्क़ में तो,
सब ग़लत है... और तुम पर हाय है!

तेरे साथ रहा नहीं जाता

तेरे साथ रहा नहीं जाता।
हाँ, तू नहीं था –
पर तेरी यादें और बातें कहाँ छूटी थीं!
मेरी तन्हाई सिर्फ़ एक ही सवाल पूछती थी।
पर अब बिछड़ने का वक़्त आ गया है,
और मैंने एक तरकीब निकाली है...
सुनो –
कुछ दिनों तक, तुम मुझसे बात मत करना
अपने ज़हन में हर बात को दौड़ाना
यही एक मौका है!
फिर भी अगर रहना चाहो,
तो पूरे मेरे बन के आओ।
न आओ, तो कुछ कहना मत –
बस चुपचाप चले जाना।
और इन कुछ दिनों में,
सब ख़त्म हो जाएगा... जो तेरे लिए मेरा था।
और जो तेरी ये बेवक़्त चाह है –
जिसे किसी की तो ज़रूरत है,
पर वो मैं तो नहीं!
कितनी अच्छी तरकीब है ना?
वो पसंद है, तो तोड़ सकते हो।
मैं पसंद हूँ, तो सोच सकते हो।
बस अब ये तरकीब चल जाए –

मुझे भी दर्द न हो,
और साथ छूट जाए।

भला-बुरा

जब किसी का बुरा करते हो, सोचते हो –
कि उसका क्या होगा?
नहीं ना...
यही ज़िंदगी है,
ग़लती करना सिखाती है।
अगर सब सही या भला होता,
सब सही और भला करते –
तो क्या ही बात थी।

मैं तुम्हें मनाऊँगी तो मानोगे?
नहीं ना...
यही ज़िंदगी है,
मोल-भाव करना सिखाती है।
अगर सब मान जाते –
तो क्या ही बात थी।

मैं कुछ पूछूँगी तो बताओगे?
नहीं ना...
यही ज़िंदगी है,
कुछ कहना और बहुत कुछ छुपाना सिखाती है।
अगर सब कह देते –
और वह भी सच...
तो क्या ही बात थी!

हम

तुझे हमनवा, हमसफ़र, हमगुज़र, हमज़बां माना,
और फिर
तुझमें हमराज़, हमसफ़र, हमगुज़र, हमज़बां ढूंढ़ती रह गई।

ग़लती

ग़लती तुमसे हुई है,
मानोगे तो सही कर सकते हो,
अब भी सही हो सकता है,
पर नहीं मानोगे तो क्या करोगे?
यही कि चार झूठ और बोलोगे!
जान लो –
अब तुम्हारी असलियत से वह वाक़िफ़ है!
अब हर कहे गए सच को भी तराज़ू में तोला जाएगा।
कौन इनमें उलझे?
इससे अच्छा तो सच ही कह देते!

मैं तुझे भूलना चाहती हूँ

मैं तुझे भूलना चाहती हूँ,
पर मुझे भूलना नहीं आता।
इससे पहले कि तुझे भूल जाऊँ,
क्यों न तेरी यादें कहीं समेट के,
एक महफ़ूज़ जगह पर रख दूँ?
पर क्या फ़ायदा इन यादों का?
क्यों रखें इन्हें?
कहाँ है ऐसी महफ़ूज़ जगह?
ये यादें हैं क्या?
तस्वीरें?
तो फिर ठीक है!
पर जो ज़ेहन में है –
उनका क्या करूँ?
रखूँ? कहाँ रखूँ?
और यही व्याकुलता मुझसे कहती है –
मैं तुझे भूलना चाहती हूँ।

साथ

लोग साथ ही तो चाहते हैं,
किसी से या किसी एक का –
बस दो ही तो विकल्प हैं,
लेकिन इनमें काफ़ी फ़र्क है!

इश्क़ियाँ

मुझे डर लगता है –
अगर किसी ने मेरा अस्तित्व अस्वीकार कर दिया तो?
और वही हुआ!
वक़्त आने पर उसने मेरा अस्तित्व झुठला दिया।

अब मैं भ्रष्टाचारी हूँ,
मैं सोचती हूँ –
इतनी बड़ी दुनिया में,
एक इंसान ने ऐसा किया तो क्या हुआ?
तू क्यों टूटी?
इसलिए न – कि उसको अपनी दुनिया बनाया?

अब इश्क़ है भी तो एक ऐसा एहसास,
जिसमें इंसान जन्नत को जी लेता है
नहीं तो –
फना में भी जन्नत का मंज़र देख लेता है,
यहाँ सब आबाद भी हैं और बर्बाद भी,
इश्क़ के बाद मौत ही है,
यह डरना छोड़ो –
मौत से पहले इश्क़ कर लो!

काश, हम कभी मिले न होते

काश, हम कभी मिले न होते –
मुझे एक आदत कम लगती
चाँदनी रातें खूबसूरत रहती
मेरी आँखों में ख़्वाब क़ायम रहते
मेरे दिल में कल का बोझ न होता
वो राहें आज भी खूबसूरत होतीं
किसी की मोहब्बत और साथ का घमंड होता
वो मीठा आज भी स्वादिष्ट होता
किसी के छूने से मुझे दर्द न होता
काश, तेरा साथ नसीब न होता!

मेरे वक़्त की मुझे क़दर होती
एक क़दम आगे बढ़ने को, दस क़दम पीछे कौन देखता!
फ़िज़ाएँ रोशन होतीं
दिल में उमंग होती
नए लोग मिलते...
अगर हम कभी मिले न होते!

हाल-ए-दिल

न दोस्त समझा,
न इश्क़ के क़ाबिल –
उस ग़ाफ़िल के चलते,
बस दर्द और ठगियाँ हुईं हासिल।
तेरी महफ़िल में सर-ए-आम जो इज़्ज़त उछली –
जो बनी, सो बनी...
जो बिगड़ी, सो बिगड़ी...
पर हाल-ए-दिल क्या गुज़री – क्या बताएँ!

वक़्त

इसे संभाल के रखना,
दर-दर लोग ढूंढ़ते और मांगते फिरते हैं।
कुछ तो, कुछ भी कर लेंगे इसे पाने के लिए!
बड़ी महंगाई का ज़माना है –
वक़्त भी अब सस्ता नहीं रहा,
इसीलिए अक्सर लोग यहाँ वक़्त बर्बाद कर दिया करते हैं।

वक़्त रहते वक़्त की क़ीमत समझें!

मैं लिखूँ?

सब लिख नहीं पाते,
उनके लिए मैं ही लिख लेती हूँ!
क्या पता, मेरे लिखे अल्फ़ाज़
मेरे संग उनके दर्द को भी ज़ुबान दे दें।

सवालों का सैलाब

प्यार भी कभी कम-ज्यादा होता है क्या?

हमारी बातें तो अच्छी होती हैं, हैं ना?

क्या आज हम साथ हैं क्योंकि तुम्हें बस एक "साथ" चाहिए?

उससे वफ़ा करने के लिए मुझसे बेवफ़ाई ज़रूरी थी क्या?

जिसने मोहब्बत की, और जिसको मोहब्बत किया –
दोनों को दग़ा दिया!
चाहते क्या हो, जनाब?

अगर तेरे इश्क़ की हक़दार न थी, तो तेरी नफ़रत की बुनियाद क्या है?

कहीं बातों का कोई मोल नहीं... कुछ किया भी था?

जहाँ प्यार मिले, वहीं से ले लूँ क्या?

अब क्या बात करना?

प्यार तो प्यार होता है

प्यार तो प्यार होता है,
सच्चा हो या झूठा।
कोशिश तो दोनों में बराबर लगती होगी –
कहीं सच कहने में,
तो कहीं सच छुपाने में।
दोनों चाहते तो होंगे,
कभी ज़्यादा, कभी कम
कभी एक-दूसरे को, तो कभी किसी और को
पर फिर कर भी क्या सकते हैं?
प्यार तो प्यार होता है,
इसमें कहाँ ज़ोर चलता है।

प्यार तो प्यार होता है,
सच्चा या झूठा होता है,
कभी-कभी तो दोनों होता है,
पर फिर कर भी क्या सकते हैं?
प्यार तो प्यार होता है।

एक रूहानी सफ़र

एक रूहानी सफ़र,
और उसमें पी एक चाय,
फिर चले कुछ कदम,
गई थककर बैठ – हाय!
फिर डटकर उठी और
चले कुछ कदम,
फिर बारिश चली ज़ोर,
और मैं भीग गई – हाय!
पर मैल गए धूल,
तन-मन की हुई सफ़ाई,
फिर चले कुछ कदम,
और ऐसे ज़िंदगी भायी।

हमसफ़र

मैंने उसे अपना वक़्त दिया,
उससे कुछ बातें की,
और फिर ख़ुद को बुलाया,
और पूछा –
कैसा है वो?
क्या लगता है, साथ निभा पाएगा?
कुछ हद तक तो करेगा,
पर है तो वह इंसान ही –
कितना कर पाएगा?
फिर मैंने उसे बुलाया,
और कहा –
साथ निभा पाओगे? कितना हो पाएगा?
कहता है –
इस रेत-सी ज़िंदगी में,
जितना हो पाएगा... क्या ख़बर कि कब तक काम आएगा!
तब तक चलो ना,
इस रूहानी सफ़र में साथ चल देते हैं,
अपने जज़्बातों से इंसाफ़ कर लेते हैं।

इश्क़ का मज़ा

उस रंजिश में इश्क़ का मज़ा है।
उस अंदरूनी कशिदगी में भी इश्क़ का मज़ा है!
लगता है कि कुछ किया और कुछ हो रहा है!
आग का दरिया हो – और डूब के जाओ,
जल जाए सब, हर पहलू से मुलाक़ात हो!
इश्क़ मक़बूल हो जाए,
अब बस जी लो या फ़ना हो जाओ...

चांदबालियाँ

रोशनी से झिलमिलाती एक सुबह,
निकाली मैंने अपनी चांदबालियाँ।
मेरी सुंदर मोतियों से पिरोई बालियाँ
और जब मैं इन्हें पहनूँगी,
हल्की-सी खनक महसूस होगी –
जब वे मोतियाँ आपस में टकराएँगी,
और मुझे छूएंगी जैसे तुम।
और इसी रोशन-सी सुबह,
तुम्हें महसूस करने के लिए ही सही,
निकाली मैंने अपनी चांदबालियाँ।

आज

आज खुद ही खुद को मनाऊँगी,
बिठाऊँगी,
समझाऊँगी,
सजाऊँगी,
रिझाऊँगी,
बताऊँगी कि –
कुछ न लेकर आए थे,
जो कुछ लेकर जियोगे –
सब कुछ तो छोड़कर जाओगे।
चार दिन की चाँदनी में, जश्न कहाँ मना पाओगे?
फिर भी, खुश रहना मुमकिन है –
कोशिश करोगे तो जानोगे।

विवाह

जहाँ "हाँ" होगी, वही विवाह होगा,
ऐसी है विडंबना!
प्यार, जज़्बात और जूनून की जगह,
सामर्थ और आभूषण का सौदा होगा।

कुछ बार तो मिलना होगा,
कुछ अहसास करना और कराना होगा।
उससे मिलके न जाने क्या बताना होगा,
पर जो भी बताना होगा,
सही-सही जताना होगा।
"हाँ" हुई तो व्याह तो होगा,
पर उसके बाद तो चलाना होगा!

सांसारिक सुख भले मिल भी जाए,
मानसिक सुख कहाँ आता होगा?
तब प्रेम-भाषा की व्याख्या से ही काम होगा,
संग उदाहरण भी पिरोना होगा।
दोनों संग काम बनेगी,
जब उनका अनुकरण होगा।
तवे पर भले ही सेंक लो मगर,
मक्खन बराबर लगाना होगा!
और फिर,
बातों और सेवा-कार्यों में
संतुलन बना रहे तो –

जंग में निश्चित फ़तेह होगी,
शांति भी बनी रहेगी,
और विवाह संपन्न होगा!
सबसे पहले – "हाँ" तो हो,
जहाँ 'हाँ' होगी, वही विवाह होगा।

www.ingramcontent.com/pod-product-compliance
Lightning Source LLC
La Vergne TN
LVHW050826051026
849532LV00008B/3142

* 9 7 8 9 3 7 1 5 6 3 9 5 6 *